ジョン・キム
John Kim

「絶望」に声を与えよう。

Release Emotions, Find Your Real Life

きずな出版

プロローグ

自分の中にある「絶望の正体」

それは長い間、
「放置されてきた感情」。

少しの関心も愛情も与えられなかった感情が、
徐々に「絶望」に変質していく。

「絶望に声を与える」というのは、
それまで無視され、ないがしろにされてきた
自分の感情に対して、

関心を寄せ、
ありのまま受けとめ、
愛という光を与えることです。

そうすると、
それまで生きる力を奪《うば》う
「絶望」に見えていたものが、
じつは生きる力を与えてくれる
「希望」であることに気づくはずです。

人生の幸福度は、
感情との向き合い方で決まる、
といっても過言ではありません。

しかし残念ながら、
「感情との向き合い方」は
学校では教えてくれません。

社会に出てからも、
その扱い方で
たびたび痛い思いはするものの、
そこから学び、
次に活かしていける人は、そう多くはいません。

なぜなら、

感情の中でも
ネガティブな感情は、
見たくないもの扱いを受け、
意識の光の届かない
無意識の深いところに逃げ込み、
肝心なときに表に顔を出し、
自分に打撃を与えては、
また暗いところに逃げ込んでいきます。

その存在には、
なんとなく気づいてはいるものの、
それと向き合うことを
学んでこなかった私たちは、
結果的に、
感情を放置してしまいます。

我々はこの「絶望」を、克服する必要があります。

なぜなら、
「克服された絶望」こそが、
「本物の希望」になりますから。

本書では、
絶望の真の正体としての
「放置された感情」との向き合い方について、
一緒に考えていきたいと思います。

絶望に声を与えることで、
感情が癒《い》やされ、救われることを切に願います。

――ジョン・キム

Contents

第1章

感情の扉を開く

第2章

陰の部分に光を与える

第3章

比較の罠から抜け出す

第4章

自分を信頼すると決める

第5章

人生の指揮権を取りもどす

エピローグ――自分は自由な存在だと知る

「絶望」に声に与えよう。

第1章
感情の扉を開く

「すべての感情は自分の子ども」

ポジティブな感情も美しいが、ネガティブな感情も美しい。感情を差別しないことだ。

すべての感情は愛すべき子どもであり、そのすべてが自分を成長させ、幸せにするために神様から送られたメッセンジャーである。

ネガティブな感情を感じ尽くすことができる人は、他人の陰の部分や苦しみの部分に対して、より深い感受性や注意力を持てるようになり、目の前の相手のことを、より深く本質的なレベルで、感じることができるようになる。

人間が人間に共感するということは、相手の華やかな部分よりも、相手の心細い部分を理解したときに可能になる。

人間というのは、ポジティブな感情は表に出すが、ネガティブな感情は表に出さない傾向がある。

しかし、その人の本当の姿はネガティブな感情にこそ宿ったりするもので、したがって、その人のネガティブな感情に対する深い理解なしでは、その人の本質的なところを理解することはできない。

人間は自分の中にある、他者には見せられないネガティブな部分まで理解してくれる相手（理解しようとしてくれる相手）と出会ったときに、その相手に対する本当の意味での人間的な信頼を寄せることができるようになる。

自分でも意識し得ない、しかし自分の日常生活に圧倒的な影響を及ぼしている、無意識に潜《ひそ》んでいるネガティブな感情を、自分の目の前の相手が気づき、それに対して好意的な姿勢を示してくれたり、自分が意識できるように言語化してくれたり、その感情との向き合い方に対する助言を与えてくれたりしたら、その相手こそ自分という存在をわかってくれているという気になり、その相手に対して、この上ない信頼を抱くようになる。

感情というのは、向き合えば自分の味方になるが、向き合わなければ自分の敵になっていく性質を持つ。

あなたが受け入れさえすれば、その感情の中身がポジティブなものであれ、ネガティブなものであれ、それはあなたの味方になっていく。

一方で、あなたが無視したり、否定したりすると、その感情の中身がポジティブなものであれ、ネガティブなものであれ、それはあなたの敵になっていく。

これが意味するものは、あなたがその瞬間瞬間に感じる感情の内容よりも、あなたがそれに「どのように反応するか」ということである。

あなたの感じるものがどのような感情であっても、あなたがそれを受け入れさえすれば、それはあなたの人生の味方になってくれる、ということを理解することが大切である。

感じる感情自体をあなたがコントロールすることはできないが、その感情がもたらすあなたの人生への影響については、あなたは完全にコントロールすることができるということである。

「ネガティブな感情に居場所を与えよう」

感情をコントロールするためには、まず、ネガティブな感情に対するネガティブな印象を捨てることから始めるとよい。

ネガティブな感情に対して、ネガティブな印象を持ってしまうと、ネガティブな感情はますます心の奥深く、いわゆる無意識領域へと逃げ込んでしまう。隠れてしまう。見えなくなってしまう。

そして、厄介なことに、自分が望まないときに、気まぐれに他のネガティブな感情と一緒に表に出てきて、自分の内面を乱すようになる。だからこそ、ネガティブな感情を見て見ぬふりするのではなく、直視してあげることが大切だ。

ネガティブな感情が統制不可能な無意識領域に逃げ込むことのないように、あなたはその感情に対して、光を照らしてあげる必要がある。関心を示し、愛を浴びせることだ。

ネガティブな感情は除去すべき対象ではなく、その存在をありのまま認め、愛を与えるべき対象である。

ネガティブな感情とどう向き合うかによって、その人の人間としての成熟度や人生で感じる幸福度が決まる。ネガティブな感情は、自分を成長させるために、神様から贈られたギフトなのである。

感情が現れたら、まずその感情を認めることである。
その感情に居場所を与える。

「しばらくそこにいていいよ」と、感情に声をかけてあげよう。

そうすることで、その感情が癒やされ、浄化されていくのを感じるだろう。


たとえば、泣きたいときには、泣いてもいい。こぼれる涙を、堪《こら》える必要はない。


泣くというのは、デトックスになるから。

その感情を抑《おさ》え込んでしまえば、心に無理がかかる。

うつになってしまうことだってある。そうならないためにも、自分の中の泣きたい感情を認めて、涙を流させることが大事なのである。

何かミスをしたり、イヤな感情が出てきたときに、ただそれを押し込んでしまうと、思いがけないところで、泣き崩《くず》れてしまったりするものだ。感情によって自分が揺さぶられてしまうから、そうなってしまうのだ。

そこまで自分を追い詰めるのではなく、まずは、どんな感情も認めることが大事。

どうすれば認めることになるかといえば、言葉や文字にしてその感情を、表してみること。たとえば、日記などをつけて、それを書くのもいい。

涙を流したいのに、「控え室から出るな」という強引なスタンスで、感情を抑え込んでしまったら、登場場面はまったくなく、「何のために自分はここにいるんだ」となってしまう。

これまで何千回も舞台に出てきたのに、カーテンの引かれた控え室で、「見るな」「出てくるな」「おまえは俺にとって誇りじゃない感情なんだから」と言われたら、その感情は病んでしまうことだろう。

でも、そんなふうに感情を抑え込んで、いいことがあるだろうか。

むしろ素直に感情に登場してもらったほうが、その感情は救われた気持ちになるのではないだろうか。

この本を一番に読んでほしいのは、泣きたいのに泣けない人たちである。

泣きたいときも、人前では絶対泣けない人たち。
一人のときにしか、わんわん泣けない人たち。

そういう人たちが一番、心優しい人たちであり、そういう人たちこそが一番、救われるべき人たちである。

常に他人のことを思いやり、他人のケアをし、自分にあるものは与えるけれど、受けとることは、相手に迷惑をかけたくないからできない。そういう人たちに、この本を書いている。

この本を読んで、いっぱい泣ける人が出てきたらいいな。

「意識的に感情と向き合う」

「自分の気持ちをわかってくれているんだ」と知ったとき、涙を流す人は多い。

その問題を解決してあげたときに泣くのではなく、たとえば頑張っている人が自分の信頼する人に、「よく頑張ったね」というようなことを言われると涙が溢《あふ》れ出す。

いまの「自分の状況」よりも、「自分の感情」を少しでもわかってくれている人が一人でもいると、人は救われた気持ちになる。

この苦しい感情を誰もわかってくれないと思っていたところに、「この人はわかってくれているんだ」と知ったら、感動と感謝と安堵《あんど》感から涙が溢れてくる。

そこではじめて、相手との心のつながりができる。

そうしたら、もう永遠にやっていける。

人間関係において、「共感」というのはとても大事である。

それは感受性といってもいいかもしれない。

相手の感情の状態を理解しようとする気持ちをもって相手と接すると、深い絆《きずな》がつくられる。

でも実際は、感情よりも、相手の頭で考えていること、相手が言葉にして話したこと、相手が行動したことから、相手を理解したつもりになって、相手と接してしまいがちである。

そうではなく、その思考と言葉と行動には表れていない、その人の心の奥にある感情、とくに、その感情の中でも、昔傷ついて、絶対に表に出せないような感情に共感することを心がけながら接すると、相手は癒やされ、徐々に心を開いてくる。それができてはじめて、二人の関係は、心のつながった「本物の関係」になるのである。

ネガティブな感情に居場所を与えるとともに、できたらそれに愛情を注ぐことで、あなたからのネガティブな感情に対する苦手意識がなくなるだけではなく、ネガティブな感情からあなたへの不満もなくなることになり、二人は大の仲良しになれる。少なくとも、敵にはならずに済む。

もし仲良しになることができたら、お互いを傷つけることもなくなり、お互いがお互いにとっての味方になれる。

ネガティブな感情に居場所を与えるということには、多義的な側面がある。

それは時間を与えることであり、それは関心を与えることであり、それは愛情を与えることであり、それは言葉を与えることである。

関心や時間や愛情や言葉を与えられたネガティブな感情は、癒やされ、浄化されていき、最終的には、ポジティブなエネルギーに転換され、自分の人生をより強く、より美しく、より豊かにする方向へと作用してくれる。

「ネガティブな感情の終点になり、ポジティブな感情の起点になる」

目指すは、この境地である。
そのためにも「意識的に感情と向き合うこと」を心がけよう。

「感情はエネルギーである」

ネガティブな感情を感じたときは、そこから逃げようとせず、両手を大きく開いて、それを抱きしめることだ。そしてそこから余裕が出てきたら、真逆の方向へと向きを変えてあげよう。

ある感情が生まれたということは、自分の中で「エネルギー」が発生したということである。そこで重要なのは、そのエネルギーをどの方向で、どの用途で、使いこなすか、ということであり、それによって、その感情がもたらす自分の人生への結果というのは、劇的に変わっていくのである。

エネルギーは火と同じで、使い方さえ誤《あやま》らなければ、ないよりはあったほうがよい。

往々にして、ポジティブな感情よりも、ネガティブな感情が持つエネルギーのほうが大きい。そう考えると、その使い方を間違えなければ、ポジティブな感情を感じたときよりも、ネガティブな感情を感じたときのほうが、喜ばしく感じることもできるようになる。

ネガティブな感情を味方につけられる人のほうが、ポジティブな感情しか感じない人よりも、エネルギーに溢れ、より情熱的に、より行動的に生きることができるようになり、結果的に人生でやり遂げることも多くなる。そのくらいネガティブな感情が持つエネルギーは莫大《ばくだい》である。

そのエネルギーがあなたにネガティブに作用すると、それはあなたの人生をいとも簡単に狂わせることになるが、そのエネルギーがポジティブに作用すると、あなたの人生は大きく好転していくことになる。

したがって、自分の中にあるネガティブな感情に気づいたら、まずはそれをたっぷりと味わってあげるように心がけることだ。

感情を吟味《ぎんみ》することで、ネガティブな感情は、自分の存在が深く認められた気になる。いつも嫌われがちな自分に対して、関心を寄せてくれたあなたに対して、感謝と信頼を抱くようになる。

感情を抑えようとしないことだ。

あなたが感じるあらゆる感情は、その存在自体に意味がある。だからこそ、感情はありのまま感じとることが大切である。すべての感情は、あなたの命を守り抜くためのシグナルであるということを忘れないことだ。

「感情の本当の姿を理解する」

たとえば、嫉妬という感情も、怒りという感情も、じつはあなたを守るために存在する。

自分の生存を脅《おびや》かすものに対して、我々はネガティブな感情を抱く。

その感情が結果的にあなたに危害を与えることはあり得るものの、もともとのその感情の生成理由というのは、あなたを守るためである。これを理解することがとてもとても大事である。

いくつかの喩《たと》えを通じて、感情の本当の姿を理解してみよう。

あなたが犬の飼い主だとしよう。

飼い主であるあなたに危険そうに見える人が現れたら、それを目撃したあなたの愛犬は、あなたを守ろうとして吠《ほ》えることだろう。場合によっては、脅威《きょうい》となる相手に噛《か》みつくことだっていとわないはず。

人間のような冷静で客観的な判断能力を持っているわけではないものの、飼い主に対する誠実さや忠誠心は人間以上のものがあるのが、犬という動物。

洞察力には欠けても、自分の飼い主に対する忠誠心から本能的に反応する犬を見て、うるさいとか、あぶないとか、あなたは自分の犬を叱るかもしれない。しかし、犬の根底にある思いは、飼い主であるあなたを守りたいという一心なのだ。

じつはその吠える犬こそが、まさにあなたの「ネガティブな感情」に置き換えられるのである。あなたを守ろうとして、ネガティブな感情は存在を現してくる。

あなたの愛犬のように、ネガティブな感情はまだ未熟かもしれないが、心はとても素直で純真であり、すべてはあなたのために存在している。

あなたを守るために吠えるあなたの飼い犬を、あなたは揶揄《やゆ》したり、非難したり、できるだろうか。

それはただただ「愛おしい存在」なのではないだろうか。


とはいえ、その犬が本能に従《したが》って人に嚙みつくことのないように、飼い主であるあなたは、責任をもってその犬をしつけていかなければならない。

飼い主であるあなたのために、犬が相手を嚙みたい気持ちは尊重しなければならないが、だからといって安易に相手に嚙みつくことのないよう、きちんと教え込まないといけない。

なぜなら、嚙みつきなど、犬のそういう危険な行為がもたらす結果に対する全責任は、飼い主であるあなたが負わなければならないからである。

愛犬が飼い主のためにと思って取った行動が、この社会ではすべて正当化されるわけではない。

同じように、ネガティブな感情に対しても、まずはその存在価値を認めてあげながらも、それをそのまま外に表出したり、他者にぶつけていくことについては、しっかりとしつけをしていかないといけない。

要するに、あらゆる感情を大事にしながらも、感情的になることについては、慎重になることが、とても大切であるということだ。

「感情を感じる」のと「感情的になる」ことは、大きく異なるものだからだ。

だからといって、犬から吠える権利を奪ってはならない。

犬から吠える権利まで奪ってしまうと、犬は抑圧された気分になり、病気にかかるかもしれない。同じように、感情も抑圧されてばかりだと心身の支障をきたすことになるだろう。

吠える場面を見極め、見分けることは、とても重要なことであるが、吠える権利自体を完全に奪ってしまうと、その犬はストレスを抱え込んでしまうかもしれない。また吠える権利を失った犬は、どこかで爆発するかもしれない。

吠える権利を認めながらも、吠える場面を見極められるように、しつけをしていくことが大切なのである。

存在を否定してはならない。
振る舞い方を教育していくことだ。

他の喩えをあげてみよう。

感情は「野生の馬」のよう。

野生を野生のままにしておくと、暴走する可能性が高い。

野生の馬が暴走すれば、自分の命が奪われる可能性だって十分あるが、野生の馬でも毎日のようにケアをしたり、餌《えさ》を与えたりしてやれば、最初はうまくいかなくても、そのうちに、「ああ、この人は本当に私のことを大事にしてくれているんだ」ということがわかって、絶対にその人を裏切ることはしなくなる。

信頼を得るのは難しいが、いったん信頼を得ると、絶対裏切ることはないのが、馬という動物である。

野生で育った生き物を自分の味方につけるためには、愛と関心と信頼を与え続けながら、しつけをしていかなければならないのである。

感情もそれと同じで、最初は向き合うとつらかったり、蹴られたりと、いろいろあるかもしれないが、時間をかけてケアをし、愛情を注ぐことで、忠誠心を持つようになっていくだろう。

「感情とわかり合える関係を築く」

ネガティブな感情は、泣き叫ぶ子どもとも似ている。

泣いている子どもには、「どうして泣いているの？」と聞くだけで、子どもは慰《なぐさ》められた気分になる。

逆に、泣いているのに、お母さんが子どもに見向きもしないで他のことをしていたりすると、子どもの泣き声はさらに大きくなっていく。

でも、泣いている自分のそばに母親が来て、優しく声をかけてくれたりすれば、とたんに泣きやんだりする。

すぐに泣きやまなかったとしても、子どもの心には、「お母さんは自分のことを気にかけてくれた」ということが伝わって、怒りはなくなり、癒やされる。

泣きやまない子どもと向き合うのと同じように、自分の感情にも向き合うことだ。

感情というのは小さなことでも、その都度、気にかけて扱えば、わかり合える関係を築いていけるのである。

泣き叫んでいる子どもは「ネガティブな感情」そのものに見えるが、そんな子どもでも、ときには笑顔になれるし、自ら善を働くことだってある。

しかし、お母さんがその存在を見て見ぬふりをすると、さらに大きな声で泣き叫ぶことによって、「自分の存在を気にしてほしい」という感情を表現する。

子どもが泣くのは、周囲の気を引くため、というのはよくあること。子どもが成長過程で非行に走るのも、親の気を引くことがきっかけになっていることが多い。

「感情がネガティブに作用する」というのは、泣き叫ぶ子どものように自分を見てほしいから。

見て見ぬふりをすると、非行に走ったり、さらに大きな声で泣き叫んだりする。

ちゃんと見てあげることで、徐々にその子どもはいい子に変わっていく。

そもそも最初から悪い子はいないのだ。

感情に安易で短絡的なラベリングをしないことが大切だというのは、そういうことである。

すべての感情は神聖なもので、どんな感情にもそれが生まれた理由があり、その理由をちゃんと考えてあげることによって、なぜその感情が生まれたか、ということがわかってくる。

それを突きとめたら、そこを愛をもってしつけることによって、その人のネガティブな感情も、最終的に制御《せいぎょ》できるようになっていく。

「ネガティブな感情に落ち込む必要はない」

身体が望まないものを摂取したとき、人間の身体は吐き気を覚える。吐き気は、身体が健康を守るための生存本能からの大切なシグナルである。

ネガティブな感情は、その吐き気に似ている。吐き気がする際は、内部で鎮《しず》まるまで待つこともできるが、それを外に吐き出すこともできる。

ネガティブな感情は、吐き出すことが大事である。

それを吐き出さずに溜め込むと、楽になるまでかなりの時間と苦しみを覚悟しなければならない。

またネガティブな感情が蓄積されていくと、それによって、あなたの心身は毒されたものになってしまう。だから、定期的に吐き出すことが必要になる。

吐き出した直後こそヘトヘトになるが、しばらく安静にすると気分はよくなる。

ちなみに、吐き出したものは捨てればいい。ただ、トイレに流せばよいのだ。間違ってもそれを誰かにぶつけたりしてはいけない。

もしそれを他者にぶつけたりすると、そのネガティブな感情を浴びた相手も苦しむことになり、その相手から怒りや不信を買うことになり、結果的にネガティブな感情は連鎖《れんさ》的に増殖し、最終的には、自分に倍返しされる羽目《はめ》になる。

ネガティブな感情が現れる場面が増えていくことは、あなたの中に「愛が欠如している」ということのサインとして受けとるようにするとよい。

愛と感謝が溢れる人は、ネガティブな感情を抱くことが少ない。

ネガティブな感情とは、愛と感謝の度合いと反比例するものであると考えよう。

ネガティブな感情を抱いたからといって落ち込む必要はないが、それが続いたり、頻繁《ひんぱん》に現れすぎるときは、自分の中にあるエネルギーレベルが低下しているということの証《あかし》であると考えたほうがよい。

感情もエネルギーなわけで、うまく使いこなさないと自分のエネルギーレベルを下げる方向に作用する。

そういうときは身体的なエネルギーも低下しがちだが、逆に、そういうときこそ、身体的なエネルギーを高める工夫をすることで、ネガティブな感情による打撃を最小化することができたり、ネガティブな感情が入り込む余地をゼロに近づけることができる。

精神と身体はつながっているので、精神が弱っているときは、身体の力を借りることで、回復を図《はか》るとよいのである。

第2章

陰の部分に光を与える

「感情の存在を認めるということ」

感情の場合、ポジティブな状態が続くと、必ずネガティブな状態が訪れる。それへの対応策は、「感情の周期性」を理解することであり、それを前もって予期し、そして受け入れることである。

その「予見と受容」ができたら、次は、発生したネガティブな感情に対する対応策を講じることが大事である。

まず、ネガティブな感情に対して「意識的になる」ことだ。

なぜなら、ネガティブな状態というのは、自分では統制の利かない無意識領域の中で育つので、気づいてあげないと知らぬうちにどんどん大きくなり、最後は統制不可なものになってしまう。前であげた子どもが非行に走る例と同じである。

したがって、種のうちから、その存在に対して、意識や関心を注ぐようにしてあげることが重要である。

「感情に気づく」ということは、「感情の存在を認める」ということだ。

逆に、感情に気づかない、感情に気づかないふりをすることが、感情には一番よくない。感情は、自意識過剰で意固地なので、ないがしろにされた気分になると、暴れ出すし、いつまでも根に持つ。

ネガティブな感情が将来的に爆発する兆候をつかんだら、それをよく観察して、浄化させる必要がある。

定期的に、自分の中にあるネガティブな感情との対話を行うようにすることが大切だ。そのためにも、我々は孤独になる必要がある。

孤独とは、自分との対話の時間。

外部からの信号を遮断《しゃだん》した瞬間から、内面との対話が始まる。ネガティブな感情は、外部にぶつけるものではない。自分の中で消化し、昇華させるものだ。

ネガティブな感情は、とても大きなエネルギーを持つので、それをそのまま他者にぶつけると、ぶつけられた他者は深く傷つくことになる。吐き出したものを他者に投げつけてはならない。

ネガティブな感情をそのまま他者にぶつけてしまうと、取り返しのつかない修復不可能な関係に陥《おちい》る危険性さえある。自分のネガティブな感情を理解し、相手のネガティブな感情をも理解する人が、もっとも良好な人間関係を築けるようになる。

「人間関係がうまくいかないのは、なぜか」

自分のネガティブな感情も、他者のネガティブな感情も、理解していない人は、人間関係に苦労する。

たとえば、ほとんどの夫婦喧嘩は、お互いの感情に対する理解と配慮が欠けているから起きる。

自分の感情の暴走に飲み込まれ、相手の感情の暴走の犠牲者にもなる。

その逆も然《しか》り。

そこで必要なことは、自分の感情を理解し、しつけ、相手の感情を理解し、しつけを助ける、ことだ。

・自分の感情を理解する
・自分の感情をしつける
・相手の感情を理解する
・相手の感情のしつけを助ける

この4つを心がけることが大切だ。

自分はこの4つのうちのいくつできているか、を自問してみるとよい。

この4つが全部できている人は、人間関係の達人になれるが、現実社会でそういう人はむしろ稀有《けう》と言える。

自分や他者の感情への理解としつけ能力の度合い次第で、その人の人間関係における力量が決まってくる。

そしてその能力が高い人は、何かを他者のせいにしたりしない。

相手のことを自分のことのように考えることができる。

相手からすれば、自分以上に自分のことを理解し、信頼し、愛してくれていると思えるようになる。

誰もそういう思慮深い人と、トラブルを起こしたいとは思わないし、むしろ機会があれば、恩返しをしたいと思うようになる。

二人のあいだでの信頼の貯金、それがパートナーであれば愛の貯金は、自分と相手の「感情との向き合い方」で決まる、ということを理解することが大切である。

「感情を表出することで、心は浄化されていく」

もしあなたが、怒りっぽい人であるとしたら、それはあなたが怒りというネガティブな感情をうまく発散できず、それを自分の中に溜め込んでしまうタイプだからだと考えられる。

ネガティブな感情を溜め込みすぎると、心も身体も蝕《むしば》まれていく。

抑圧された感情というのは、いずれ治すことのできない「毒」になっていく。

それが病気の元となるのだが、そうやって病気にならないようにするためにも、あなたはあなたの感情を溜め込みすぎず、定期的に解放させてあげる必要がある。感情の解放、それは身体の健康のためにも不可欠なものであることを認識することだ。

あなたはその感情の解放の仕方や表出の仕方をよく理解していないかもしれない。その結果、その感情を自分で認めようとしないから、それは表出するタイミングを見出せず、心の最奥《さいおう》に逃げ込んでしまうのである。

流れる川がきれいなのは、ツマリがないからだ。

しかし、流れることなく、循環されることもなく、1ヵ所で溜まっている水は、よどみ、腐っていく運命を辿《たど》る。

同じように、人間の病気のほとんどは「ツマリ」が原因だといわれる。本来は循環されるべきものが、循環されることなく1ヵ所で詰まると、病気になる。

たとえば、あなたの街にごみ収集車が1ヵ月も来ないとしたら、あなたの街は、腐った臭いが充満し、住人はとても不快な生活を強《し》いられるようになるだろう。

人間の身体も便秘になると、体調が悪くなったり、血液の巡《めぐ》りが悪くなったりする。最悪の場合、命が奪われるような事態に陥ることだって考えられる。

ネガティブな感情も同じで、うまく流してあげないと、あなたの心は徐々に蝕まれていくことになる。

循環は解毒《げどく》である。

感情を言葉として吐き出すことができれば、それは流れていき、解毒されていく。
感情のはけ口がないとき、ネガティブな感情は暴走しやすい。
ネガティブな感情を表出することで、あなたの心は浄化されていく。
ネガティブな感情を外に吐き出す際には、言葉の力を借りるとよい。
感情を言葉にする方法には、大きく二つが考えられる。

一つは、声に出すこと。
もう一つは、文章にすることだ。

自分のネガティブな感情を自分の中で抱え込まずに、言葉にして表出させることで、毒を自分の外に出していくことである。

そうしてはじめて、「感情を眺《なが》める」ことができるようになる。

「感情を眺めて、その正体をつかむ」

「感情を眺める」ということ。

それは感情と向き合う際に、とても大切な視点である。

自分の中にあるうちは、それを眺めることはできない。

自分の外に出したときにはじめて、それを眺めることができるようになる。

眺めることができるということは、その正体をつかむことができるようになるということである。

正体がつかめるようになると、自分の中にあるそれに対する恐怖心も半減していく。

人間が本当に恐怖を抱くものは、自分でも正体がつかめないものである。

正体がつかめない恐怖は、いつ襲いかかってくるかわからない「見えない怪物」のように感じる。

ネガティブな感情の大半は、この見えない怪物と同じ。その怪物の大きさや恐ろしさをつくり出すのは、じつは自分の頭の中で膨《ふく》らんでいく「妄想《もうそう》」である。

妄想が生まれるのは、それを眺めることができないから、その本当の正体をつかむことができないから、である。

対象が近すぎると、その対象の正体はつかめないものだ。

対象と一定の距離をおくことではじめて、対象の輪郭《りんかく》がつかめるようになる。

この本を目のすぐ前に近づけてみるといい。

目の前は本で覆《おお》われ、他のものを見ることはできず、本が本であることもわからなくなる。

しかし、本を目から離していくと、それがじつは本であることがわかり、その大きさもその輪郭もつかめるようになる。

ネガティブな感情も同じで、一定の距離をおかないと、その正体はつかめなくなり、妄想によって、どんどん膨張《ぼうちょう》していく怪物のように感じるようになる。

ネガティブな感情に、言葉という光を与えることによって、それを眺めることができるようになり、それを客観視することができるようになり、その正体をつかむことができるようになる。

自分の感情を自分の目で眺められるようにノートに書いてもいいし、自分の耳で確認できるように声を出して言葉にしてみるのでもよい。

ネガティブな感情という非行少年も、認識され、関心を持たれ、愛を注がれると、徐々によい子に変わっていくはず。

そうすると、怪物に見えたものは、じつは可愛らしい赤ちゃんであることに気づくようになる。

あらゆる感情を心から愛しつつも、感情の奴隷《どれい》にはならないよう注意する。目指すべき内面の状態は、凪《なぎ》のような平静さが保たれた落ち着きのある心である。

真の成長は、外面の拡張ではなく、「内面の深化《しんか》」にある。

落ち着きのある穏《おだ》やかな日常を過ごすためにも、自分の感情に対して愛をもって眺める心の余裕を持ちたいものである。

「エネルギーの方向を変えていこう」

次は、ネガティブな感情が生み出すエネルギーを、ポジティブなものへと変換することについて考えてみよう。

ネガティブな感情を感じたら、逆の感情を「考える」ようにするとよい。

それは内面で、バランスをとるだけではなく、エネルギーを有益なかたちで変換させるために必要なステップである。

感情のエネルギーは、思考のエネルギーよりも、ずっと強力。

感情の場合、真逆であればあるほど、エネルギーの変換がしやすい。

なぜなら、一見真逆に見える感情も、じつはその源泉は同じだからである。

変換の鍵は、「思考」である。

つまり、ネガティブな感情に対して、真逆のポジティブな「思考」を介在させることで、ネガティブな感情は、ポジティブなエネルギーに変わっていく。

たとえば、不満を感じたら満足を考え、怒りを感じたら慈愛を考え、憎しみを感じたら愛を考え、不安を感じたら勇気を考え、絶望を感じたら希望を考え……。

感情の場合、対極にあるもののほうが、むしろ変換しやすい。

すべては「操作」の問題。

感情は「野生の馬」であるという比喩《ひゆ》を前で紹介した。もし感情が野生の馬だとすると、その馬を時間をかけてしつけることによって、馬主の望む方向に走らせることができるようになるだろう。そのとき、馬が右に向けて走ろうが、左に向けて走ろうが、費やされるエネルギーは同じである。

ポイントは、「方向づけ」をどうするかだ。目的地とは反対方向に馬に走られるかは、すべて飼い主の腕にかかっている。

時間をかけて、馬のしつけをすることができた場合のみ、馬主であるあなたの望む目的地に向けて馬を走らせることができるようになる。

感情も同じ。ネガティブな感情に対しては、ポジティブな思考を利用して、エネルギーの方向を変えてあげることで、その感情が自分の人生に与える影響が劇的に変わっていく。このエネルギー変換ができたら、ネガティブな感情は人生の味方になってくれる。

逆説的であるが、感情というのは、コントロールしようとしないことがコントロールすることにつながる。

感情のコントロールは、感情を強引にコントロールしないで、感情を解放させることによって実現する。

感情を解放させるためには、3つの手順を踏む必要がある。

第一に、感情の存在を認めること。
第二に、感情に居場所を与えること。
第三に、感情に愛情を注ぐこと。

存在の認識、受容の精神、愛の贈与によって、感情は「解放の道」を歩くことになる。自分の感情を解放できたら、次は他者の感情の解放を助けてあげるといい。

自分の感情を解放させることができ、他者の感情が解放されるのを手助けすることができるようになったとき、あなたは心の名医になることができる。

第3章

比較の罠から抜け出す

「心が理由もなくザワザワするとき」

生きていると、心がザワザワするときがある。
明確な理由があるときもあれば、特段の理由が見つからないときもある。

状況に対してイライラする気分。
人に対しての苛立《いらだ》ちと怒り。

いずれにしても、こういう場合は、自分の理性が感情に飲み込まれた状態で、自分の中にある「愛の泉」が枯渇《こかつ》している状態である。

自分の抱くあらゆる感情は、無視することなく受け入れ、大事にする必要があるが、それはその感情にずっと溺《おぼ》れることではなく、あくまでも自分が感情の母親として、感情の飼い主として、感情を温かく包み込む、ということを意味している。

人生は楽しいことばかりではなく、自分ではコントロールの利かない、心がザワザワするようなことが次々と起きてくるものだ。

セネカなどに代表される古代ローマ時代のストア学派は、人生は苦しみの連続で、人が幸せになるためには、快楽の積極的な追求ではなく、途絶えることなく襲いかかってくる想定外の苦しみや逆境にいかに対応するかが大切である、と説いた。

このように、生きていると苦しいことがある。

いや、人生はむしろ苦しいことのほうが多い。

人は歳をとるにつれ、喜びを増やすよりも、苦しみを減らすほうが、幸せになれることに気づく。

人生には、避けられない苦しみがたくさんつきまとう。苦しみを避けることも必要だが、避けられなかった苦しみを受け入れ、乗り越えることも大切である。

苦しみを乗り越えるためには、
苦しみから成長の種となる学びを見出すことだ。
苦しみから学びを見出したとき、苦しみは彼方へと消え、
人生は上昇していく。

心のザワザワの原因は、対人関係かもしれないし、お金の問題かもしれないし、仕事のことかもしれない。恋愛関係かもしれないし、家族関係かもしれないし、体の不調かもしれないし、過去の後悔かもしれないし、未来への不安かもしれない。

いずれにしても、自分では制御できないことが、自分の身のまわりに起きてくることで、心のザワザワは増殖していく。

もし、問題がより直接的で、深刻なものであれば、それは正面から、それもすぐに対応しなければいけないものであるわけで、その場合は、ザワザワしている余裕さえもなく、現実問題として直視せざるを得なくなる。

しかし、ザワザワは「心の囁《ささや》き」のようなもので、その正体がはっきりつかめないところがある。そのために、対応しようにも、どこから取りかかればよいか、わからない場合が多い。

心のザワザワのほとんどは、他人との「比較」や、他人との「関係」や、他人からの「評価」を気にすることから生まれてくることに気づくことだ。

そこで、比較して優位に立ち、関係性がよくなり、評価が高くなれば、どれだけ幸せになれるんだろうか、と我々は夢みるが、しかし実際は、内面の根本のところが成熟していなければ、1ヵ月も経《た》たないうちに、また新たなザワザワ感が自分に襲いかかってくることになる。

「根本的な成熟のための心の流儀」

心の根本的な成熟なしには、一生「比較」の悪循環からは抜け出せなくなるということを理解することが大事である。

そこで、心のザワザワから解放された「根本的な成熟のための心の流儀」について考えてみよう。

第一に、「自分をありのままに受け入れる」ことだ。

自分の素晴らしいところも、自分の未熟なところも、素直に見つめてあげて、その存在を認めてあげること。

そこから自己への愛と信頼は生まれる。その愛と信頼が自尊心につながる。

自己への十分な自尊心さえあれば、幸せになるために他者から承認をもらう必要はなくなる。他者に好かれようが、他者に嫌われようが、自分が自分自身を愛し続けることさえできれば、心の平和が乱されることはない。

そもそも他者からの評価や承認は、自分ではどうしようもできないところがある。その制御不能の状態から、心が不安でいっぱいになり、穏やかになれないのである。

第二に、「他者をありのままに受け入れる」ことだ。

自分には自分だけの価値観があるように、相手にも相手だけの価値観というのがある。だから、相手の価値観やそれに基づく言動にいちいち苛立ちを覚える必要はない。その価値観や言動は、人間の自由意志の一部であるから、それを尊重するくらいの気持ちの余裕を持ちたいものだ。

第三に、「他者との比較や競争をやめる」ことだ。

人生の価値は、数字では計れないものがある。

人生の価値は、もっと総体的なもので全面的なものである。

人生の価値は、自分が自分自身をどれほど信じたかで決まるもので、生きている間にこの世にどれほどの愛を注いだか、で決まるものである。

比較や競争を超えて、誰もが「自分になる」ことこそが大切である。

第四に、「自分のミスを責めすぎない」ことだ。

裸で生まれた人間は、ミスをする権利がある。

その権利を有しているからこそ、挑戦をすることができ、その結果として、成長という実を手にすることができる。

調子のよいときより、ミスしたときのほうが、学びはより深いものになる。

昨日のミスを今日の学びに活かすことさえできれば、我々は未来の自分から感謝されるはずである。

第五に、「流れに無理して逆らわない」ことだ。

人生には、試練という大きな波がある。それに、無理して逆らわず、それが引くまでじっとしていてもよいのではないか。

波は、寄せては引くもの。

循環と還元でできている自然の摂理《せつり》や宇宙の原理を信じよう。

第六に、「相手にエールを送る」ことだ。

自分がしんどいときは、ネガティブな言動になりがちだが、そういうときこそ、自分の中にある優しさを引き出す努力をすること。

心から誰かをほめたり、感謝したり、愛を伝えることで、できたらそれを言葉で表現することで、心の中は愛で溢れるようになる。

第七に、「体調を整える」ことだ。

身体は精神と密接につながり合っている。睡眠を十分にとること、栄養をとること、運動で汗を流したり、瞑想やヨガをしたり、または自然の中をただ歩くだけでもよい。

第八に、「熱い風呂に浸《つ》かる」ことだ。

水は何者とも張り合わず、対象を包み込んでくれる。シャワーを浴びたり、風呂に入ることで、潜在意識が活発に機能し、インスピレーションが湧いてくる。

第九に、「何もしない時間をつくる」ことだ。

現代社会を生きる私たちは常に何かをしなければいけないと焦《あせ》り、思考に休憩を与えようとしない。

そういうときこそ、何もしないと決め、スマホなどは手放し、1分でもいいから呼吸にすべての神経を集中させることだ。

呼吸に神経を集中させるというのは、いま生きているということへの気づきにもつながる。人生を豊かにするもっとも手っとり早く確実な方法は、この何もしない時間をつくり、呼吸に集中することなのかもしれない。

心がザワつくときは、いま、あなたの心に落ち着きがないからである。ザワザワしたり、不安であるなら、そっと目を閉じ、何も考えずに、呼吸をゆっくり10回だけしてみよう。

愛しているもの、生きていることに感謝し、今日を生き、明日を迎えよう。

第十に、「愛を生み出す訓練をする」ことだ。

心がザワザワするのは、心にエネルギーが足りないか、エネルギーがあってもそのエネルギーの中に愛の成分が足りないか、のどちらかが原因である。

心は庭園のようなもので、心にネガティブな感情が溜まると、この庭園の花々はだんだんと枯れていく。逆に、ザワザワした感情をないがしろにせずに、愛という水をやり、優しさという光を照らすことができるのなら、心の庭園は美しい花でいっぱいになり、観る者まで幸せな気分になるはずである。

生きていく中で、誰かが無条件で、自分に光を照らしてくれたとき、人はこの上ない感謝の気持ちと安堵感を感じる。

その愛とその優しさはまるで太陽のようで、自分が見ていない間もひたすら暖かい光を注ぎ続けてくれる。真夜中でも燃え続けている太陽のように。

暗闇の中で、独り苦しみ続ける人を救うのは、そういう太陽のような優しさではないだろうか。誰かにとっての、そういう太陽のような存在になりたいものだ。

「想定外のことが予想外の人生をもたらす」

ときには、自分の願いには反することが、不意に起きたりもする。自分が忘れたい過去に限って、思い出され、そのたびに「後悔という感情」が自分を苦しめたりもする。

その過去の想定外の出来事や、その出来事がもたらす感情が組み合って、「過去の記憶」が蘇《よみがえ》ると、それがその後の自分の人生につきまとい、そこから果てしない苦しみを味わうことになる。

厄介なのは、人間にとっての記憶というのは、「一番覚えていたいものを忘れ、一番忘れたいものを覚える」ということである。

恐れ入ります
切手を
お貼りください

郵便はがき

162-0816

東京都新宿区白銀町1番13号

きずな出版 編集部 行

フリガナ

お名前　　　　　　　　　　　　　　男性／女性
未婚／既婚

(〒　　　-　　　)
ご住所

ご職業

年齢　10代　20代　30代　40代　50代　60代　70代～

E-mail

※きずな出版からのお知らせをご希望の方は是非ご記入ください。

愛読者カード

ご購読ありがとうございます。今後の出版企画の参考とさせていただきますので、アンケートにご協力をお願いいたします(きずな出版サイトでも受付中です)。

[1] ご購入いただいた本のタイトル

[2] この本をどこでお知りになりましたか?

1. 書店の店頭　2. 紹介記事(媒体名:　　　　　　)
3. 広告(新聞/雑誌/インターネット:媒体名　　　　　　)
4. 友人・知人からの勧め　5.その他(　　　　　　)

[3] どちらの書店でお買い求めいただきましたか?

[4] ご購入いただいた動機をお聞かせください。

1. 著者が好きだから　2. タイトルに惹かれたから
3. 装丁がよかったから　4. 興味のある内容だから
5. 友人・知人に勧められたから
6. 広告を見て気になったから
(新聞/雑誌/インターネット:媒体名　　　　　　)

[5] 最近、読んでおもしろかった本をお聞かせください。

[6] 今後、読んでみたい本の著者やテーマがあればお聞かせください。

[7] 本書をお読みになったご意見、ご感想をお聞かせください。
(お寄せいただいたご感想は、新聞広告や紹介記事等で使わせていただく場合がございます)

ご協力ありがとうございました。

きずな出版　URL http://www.kizuna-pub.jp　E-mail 39@kizuna-pub.jp

我々は記憶を支配していると思いがちだが、じつは記憶のほうが我々を支配している。

とくに、ある経験がネガティブな感情をもたらす場合、そのネガティブな感情はポジティブな感情に比べて、何倍も増殖され脳内に保存されるため、記憶に残りやすく、それを不本意なカタチで思い出すことも多くなるので、その後の人生への影響も大きくなる。

この幾度も繰り返されるネガティブな記憶による後悔が、人生を苦しくさせる。

それをどう断ち切るか。

幸いなことに、過去の記憶は塗り替えることができる。

なぜなら、「記憶＝出来事×解釈」でつくられているので、「不可抗力である出来事」は変えられなくても、「可抗力である解釈」を変えることができれば、過去の記憶は変えることができるようになる。

つまり、ある出来事への過去の自分の解釈がネガティブな感情を生み、それが後悔という架空の怪物を生んだとしたら、現在の自分の解釈を変えることで、学びに昇華することができる。その結果、ネガティブな感情は消え、後悔は感謝と成長に変わっていく。

言い換えれば、現在の自分は、「解釈という武器」を使いこなすことで、「記憶を自由自在に変換」することができるのだ。

まず、記憶は可変であることを認識すること。
次に、自分の解釈で、それができることを認識すること。
最後に、自分の解釈の目的を自分の成長におくこと。

これらの作業を通じて、過去への記憶がもたらす「後悔への無限連鎖」は断ち切られ、いままでの人生のすべての出来事を、これからの人生の幸せに変換することができるようになる。

周りの偉業を達成した人たちとつき合って、わかったことがある。

それは彼らを変えた人生の出来事が、じつは必ずといっていいほど、「想定外」のことであったということである。

人生の成功は、調子がいいときにもたらされるとは限らない。

そうではなく、むしろ本人が想定していなかった出来事で、調子が狂って、ときには痛い思いをしたときこそ、跳躍《ちょうやく》のチャンスが訪れてくる。

痛みや恐れがあるときこそ、「生への緊張感」は高まるものだ。

苦難や苦境、試練や逆境など、そうした極限状態の中で、がむしゃらに必死に頑張った末に、それまでの自分、すなわち、逆境と出会う前の自分では気づくことのなかったような力が、自分の中から引き出されたりする。

その結果、それまで思いもしなかった道が見え、「あの出来事があったからこそ、いまの自分がある」というふうに、彼らは自分の人生を振り返るのである。

そういう意味で、人生を自分のものにするための分岐点は、一見、自分に試練を与えているように見える「想定外の出来事とどう向き合うか」で決まると言ってもよいのではないだろうか。

「不満を未来の原動力として活かす」

不満は「未来へのリクエスト」である。

「あなたの夢は何ですか」

「未来に、どうなりたいですか」

と聞かれたときに、ほとんどの人はそれに答えることができない。

しかし、「あなたの現状に対する不満は何ですか」と聞かれたら、次々と語り出す。

「もっと時間的に自由になりたい」

「もっと経済的に自由になりたい」

「大切な人ともっとたくさんの時間を過ごしたい」

「心から喜ぶことを仕事にしたい」などなど。

そんなふうに不満を羅列《られつ》すると、一見、不満に聞こえるものが、じつは未来へのリクエストであることに気づく。


自分の中で不満を抱いたときに、過去のせいにしたりせず、まずその不満の存在を自分が認めてあげることである。


そして、その不満を解消するために、いま自分がどういう行動をとるべきか、という思考回路になっていく人にとっては、不満というのは「未来に向けて走るためのガソリン」になる。

その不満を、自分を傷つけ、自分を後退させるためのエネルギーとして使わないように、不満の建設的な使い方を学ぶ必要がある。

不満を自分の未来へのリクエストとして、その不満を解消することが、「未来の自分」のために、「いまの自分」ができる最善のことだととらえて、行動に移すことだ。

「こんな仕事をしている自分」

「こんな結婚をしている自分」

「こんな生活をしている自分」

と嘆《なげ》いている自分がいるとしたら、その決断を下したのはそもそも自分ではなかったんだ、という思いが心のどこかにあるからである。

自分で決断したということを受け入れていないから、その結果に対して、自分で責任がとれない。

自分の決断でしたことだ、という認識があるのなら、その決断がもたらした結果に対して、その人は責任がとれるはずだ。そうであれば、「こんな結婚」なんていう言葉は出てこない。

「相手の押しが強かったから結婚してあげた」となれば、その結婚生活がうまくいかないのは、自分のせいではなく、相手のせいにしてしまえる。

「親が強引に押しつけたから結婚した」となれば、親のせいにできる。

人生において決断が求められるときは、必ず「自分で決断する」ことが大事である。その決断がもたらす結果に対して全責任を負えるかどうか、という視点から決断を下すことが大事である。

もちろん、確信をもって下した決断によってもたらされる人生が、必ずしも社会的な成功を保証するものであるとは限らない。

しかし、その結果に対して、誰かのせいにすることなく、自分の責任にすることができるとしたら、その結果から少なくとも学ぶことができるようになるから、その人は間違いなく成長し、その人の人生は幸せで豊かなものになっていくはずである。

「劣等感から生まれる不幸を手放す」

苦悩の末に、一大決心をして、前に進もうとするとき、自分の足を引っ張る存在が現れてくることがある。

足を引っ張る行為の背後には、さまざまな感情が見え隠れするが、それらの感情の共通成分には「嫉妬」が含まれることが多い。

満たされている人が嫉妬という感情を抱くことはあまりないが、我々が住むこの社会には、満たされることなく、自分を不幸だと思っている人がかなりの数いる。

そういう人たちの共通点は、自分の「幸福を相対的に捉《とら》える」傾向が強いということである。

自分の所属している集団、いわゆる、準拠集団の中での自分の相対的な位置によって、自分の幸福度を測る。自分の心の感覚ではなく、他者との比較によってでしか、自分の幸福度を測れないのである。

自分の身近な人が昇進したり、お金を稼いだり、社会的に成功したりすると、相手を祝福しながらも、なぜか心は乱され、相手の幸せそうなSNS投稿が目に入るたびに、心がザワザワして、自分は前より不幸になったと思ってしまう。

これは「劣等感からの不幸感」である。

逆に、自分の身近な人が会社でクビになったり、結婚生活が破綻《はたん》したり、というような不幸な状況に陥ると、表面上では同情しながらも、心のどこかでは、そうなっていない自分に前よりも幸福を感じたりする。

これは「優越感からの幸福感」である。

人間は概《おおむ》ね、劣等感を感じると不幸に陥り、優越感を感じると幸福を味わう。

これもすべて自分の幸福度を相対的に捉えることに起因する。

こういうタイプの人は、他者との比較を通じてでしか、自分の幸福を測れないので、自分が欲しいときに、自分の幸福を手に入れることができなくなる。

与えることに喜びを感じることができず、常に損得勘定《かんじょう》に基づいて考え、行動するようになる。ただその心理は、自分からは見えない「深層」に位置するので、自分では気づかないが、自分以外の人たちからはよく見える表面に位置する。

類が友を呼ぶように、意図はしなかったとしても、自分の周りには、結果的に自分と同じ部類の人が群がるので、いつまで経っても損得勘定に基づく「ゼロサムゲーム」

（一方が得点すると他方が失点する）から抜け出せなくなってしまう。

そこでもし、そういう状態から抜け出したいのなら、自分の幸福観を「相対的なものから絶対的なものへ」と変えないといけない。

そのためには比較を超えて、自分への信頼と、他者への愛と、命への感謝をもって生きることを決意する必要がある。

自分の心に従って進んでいるときに、自分の足を引っ張る人が現れたら、それに感情的に動揺する必要はない、と自分に言い聞かせよう。

足を引っ張る人は悪意があるというより、不幸感に陥らないようにするためにそうせざるを得ないんだ、と、その人の弱さに同情をしてあげるくらいがよい。

毎日のように荒波が襲いかかるこの社会で、どんなときでも内面の穏やかさを失わないようにするためには、確固たる自己信頼によって、自分の内面を「絶対不可侵領域」として守り抜くことが大事である。

「自分の心を、より高いところに導いていく」

不幸感を習慣的に感じる人に見える共通点がある。
それは「心ここに在《あ》らず」という言葉に代弁されるものだ。

あなたはいまこの瞬間を完全なるかたちで味わっているのか。

日常のかけがえのないこの瞬間を眺めたり、吟味したりする余裕はあるのか。
もしかしたら、完全どころか、その半分も経験できていないかもしれない。
我々が日々感じる不幸感の一番の原因は、「心ここに在らず」という状態である。

心も頭も体も、この瞬間ここにはなく、どこかに行ってしまっている。

たとえば、ごはんを食べているのに、目の前に大切な人がいるのに、スマホをいじったりする自分。

今日を生きているのに、昨日の自分を後悔したり、明日の自分に不安になる自分。

それは、自分がいまこの瞬間から消えている状態に近い。

それが続くと、瞬間への空虚《くうきょ》な思い出だけが自分の中に蓄積されていく。

我々はこの瞬間への感覚を取りもどす必要がある。

そのためには、それを選択しなければならない。


自分の価値をつくっているのは、自分の「心」である。


自分の心を眺めることだ。

自分の心を吟味することだ。

そして、自分の心を、より純度の高いところへ導いていくことだ。

自分の心をより感謝に満ちたところへ、より愛の溢れるところへ、導いていこう。

心の純度を高め、心を感謝で満たし、心を愛で溢れさせると、心の成分は変わっていく。

心の変化が現実に現れるのには、少し時間がかかるが、それは確実に現実となって目の前に現れてくる。

嫉妬という感情は、愛されたいという欲求から生まれてくるところがあり、それ自体を責めることはできない。とはいえ、嫉妬には時限爆弾のような破壊的な面があるので、その取り扱い方には、十分に気をつけたいところである。

あら探しも内に向かえば、自分を成長させる有益なものになれるわけで、嫉妬をいかに制御するかで、その人の成熟度が表れるといっても過言ではない。

「他者からの評価で本物の幸せは手に入らない」

人間は他人の目に映る自分の姿を気にしすぎる弱さを持っている。日常の感情の乱れや心配事の大半は、他人の目を気にしすぎることに起因する。自分の信念を貫《つらぬ》いた結果として、他者から評価されることは喜ばしいことだが、他人から評価を受けるために努力したり、自分を貫いたものの、他人に評価されなかったことで苦しみを感じたり、自分を貫けなかったが、他人から評価されたことで喜びを感じたりして満足しているようでは、決して「本物の幸せ」を手に入れることはできない。

逆にいえば、他人の目を気にしすぎず、自分の心を大事にできるなら、我々はほとんどの苦しみや心配から自分を解き放つことができる。

大切なのは、自分の信じる道を愚直に突き進んでいくこと。

そうした「絶対的な自己信頼」だけが、自分を強くし、自分を自由にし、自分を幸せにすることができる。

嬉しいことであれ悲しいことであれ、泣きたいときに泣くことができる人は自分の感情をないがしろにせず、自分の感情を心から尊重し、自分の感情に素直になれる。

泣きたいのに泣くことができず、笑いたいのに笑えない人は、理性で感情を無理やり抑えつけているようなもので、知らぬ間に心が疲弊《ひへい》していく。

すべての感情には、それが発生する理由がある。
世間的な判断でそれらの感情にはさまざまなラベリングがされるが、もともとすべての感情はその内容如何《いかん》にかかわらず、高貴なものであるはずだ。

感情は大切な何かを我々に気づかせるための、神からの啓示のようなもの。

よって、その感情を見て見ぬふりするのではなく、自分の人生をより本質的なものにするための素材として活かすことができれば、すべての感情を自分の存在価値を高めるための原材料として受けとれるようになれるはずである。

大人の多くは、知らず識《し》らず頭でっかちになっていくので、人の感情という「心に対する配慮」が乏《とぼ》しくなっていきがちである。

それは意図したものではなく無意識的なものであるが、無意識だからこそ罪悪感を感じることもないので、ときに意図的なものよりも悲惨な結果を招くことがある。

心より頭を優先すると、心は枯れていく。
感情より論理を優先すると、感情は傷ついていく。

頭と論理が優先されがちないまの社会で、頭と論理をコックピットから追い出し、もう一度、心と感情に操縦権をゆだねることができるかどうか。それこそが人生を自分のものにするための大切な一歩である。

人間は感情的な動物である。
どんなに権威ある人であっても、感情的であることに変わりはない。
表では、「理性9割・感情1割」で振る舞っているように見えても、裏では「感情9割・

理性1割」で動く人も珍しくない。

そうした人間の本性を踏まえた上で、人と接するといい。

人間はみな弱い存在である。

誰の人生も、振り返れば、逆境だらけ。

悩みは、決して自分だけが抱えているのではない。

見えないだけで、見ようとしないだけで、みんな悩みを背負って生きている。

人と接するときは、そのことを常に意識せよ。

第4章

自分を信頼すると決める

「なぜ自分は愛されないのか」

人間は、みんなナルシストである。

誰もが愛されたいと思う。

誰もが話を聞いてほしいと思う。

誰もが自分を理解してほしいと思う。

その愛や、その傾聴や、その理解によって、自分という存在の価値を実感したいと思う。

しかし、近視眼的でエゴイストである人間は、同じ類《たぐ》いに属する人間が、自分とまったく同じような欲望を持ったナルシストであるという、少し考えればすぐわかるような事実を理解していない。いや、理解しようとしない。

自分のことで精一杯であるがために、他者を思いやり、他者の立場に立って、物事を考え、行動しようとはしない。

もし、本当に相手のことを、心から愛しているのであれば、相手の幸せを自分の幸せのように感じられるはずである。

そのくらいの感受性を持つ人なら、自分を愛してほしいと願うとき、相手を愛することを心がけるはずで、自分の話を傾聴してほしいと願うとき、相手の話に耳を傾けようとするはずで、自分のことを理解してほしいと願うとき、相手を理解しようと心がけるはずである。

人生では、「与えてほしいものを与える」ことができる者のみが、本物の愛や幸せを手にすることができる。

人間は、最初に愛されることを経験し、のちに愛することを学んでいく。

愛されることは、経験することで、愛することは、学んでいくことである。
それもあってか、誰もが愛されることを欲しがりながらも、愛することにはケチである。

人間、誰もが生まれたら、自分の両親や周りから愛されることになる。
赤ちゃんは、愛されるのが仕事で、愛することは知らない。
そういう赤ちゃんを、我々はエゴイストとは呼ばない。

生まれたての赤ちゃんは、愛される特権があると考えるからである。

その結果、赤ちゃんは、愛されることに慣れていき、愛されることが当たり前となり、自分は愛をもらうべき存在であると、無意識の中に刻み込むようになる。

しかし、それも大人になるにつれ、愛をもらうということは当たり前ではなく、それは簡単なことでもない、ということに気づくようになる。

そして、深く落ち込む。

無償の愛をもらう場面は、大人になるとほぼなくなっていく。

それもあって、大人になるにつれて、孤独を感じるようになり、生きていくことが思っていたよりも、しんどく感じるようになる。

自分を守ってくれる人がいなく、自分を愛してくれる人もいない。

自分の身は自分で守らなければならないし、自分を愛してくれる人を探さなければならない。

これは、自分に限ったことではなく、すべての人に共通するものである。
みんな愛されることは経験しているし、愛をもらいたいという欲求は持っているが、自ら他者を愛そうとする人はそれほどいないものだから、社会全体的には愛の需要と供給のミスマッチが発生する。

もらうことに慣れて、与えることにケチなもの。
その答えは「愛」である。

愛をもらうことは無意識な衝動になるが、愛を与えることは意識的な行動による。
愛をもらうことに無意識に慣れている人ほど、生きていくことに寂しさを感じるようになる。孤独感が常につきまとうからだ。

このように、世の中には「愛をもらいたい人」で溢れている。

そこでもしあなたが愛を与える人になると、あなたの存在価値は劇的に高まることになる。みんなあなたの周りに集まってくるだろう。

子どもの頃に無意識に慣れていて、しかし、大人になるにつれて失ってしまった愛される体験を取り返せるかもしれないと考え、その人たちはあなたの周りに集まってくることになる。

その結果どうなるかといえば、愛を一番与えた人が、愛を一番受けとる人になる。愛をもらいたい人が愛をもらえるのではなく、愛を与える人が愛をもらえるようになるのである。これを「愛の逆説」とも呼ぶべきだろうか。

ここから導き出せる教訓としては、「あなたが愛をもらいたければ、あなたが愛を与える人になればいい」ということである。

それも無償に、無条件に、見返りを求めずに、愛を与える人になることだ。

そうすれば、あなたは確実にみんなから愛される存在になっていく。

「自分の中にある愛の泉を探し当てる」

与える人が受けとる人になる。

与えたら、与えたという事実を忘れるくらいがいい。

与えることに喜びを感じるくらいがいい。

与える機会を与えてくれた相手に、感謝の気持ちを伝えるくらいの境地に達したい。

何よりも、愛を与えることになると、あなたの心の中が豊かになり、美しくなる。

そして、あなたはあなたの中にある「愛の泉」を、掘り当てることができるようになる。

愛という資源は不思議なもので、使えば枯渇するような資源ではなく、使えば使うほど溢れ出す性質を持っている。

あなたの中にある愛の泉の場所を掘り当て、その泉を溢れさせていくようにするとよい。

愛は与えると増えるが、与えないと枯渇してしまう。

日常の中で愛を与える機会を探してみるといい。

自分の中にある愛の泉を溢れさせるための機会になる。

そうすれば、じつはこの世界は、そういう機会に溢れているということに気づくだろう。

対象は何でもいい。

人間でも、動物でも、自然でも、何でもいい。

とにかく、「愛を与えることを人生の最優先事項」にして生きていくことだ。

そうすれば、あなたは、愛と幸せで満ち溢れるようになる。


「愛の人」になることだ。

「愛の人生」を生きることだ。


インドの哲学だったか禅の話だったか、昔に読んだ物語に次のような教えがあった。

ある少年が泥だらけの茶碗を格好よく見せるために、金箔を貼りつけていた。

そこに一人の老人が来て、「そんなことをしてもムダだ」「金箔を貼りつけるのではなく、茶碗を磨いてごらん」と、少年に言う。

老人の言葉に従って、少年が茶碗を磨いて泥を取ってみたら、じつはその茶碗は純金でできていたことに気づいた、という話である。

もともと、茶碗は金でできていたのが、それを磨かないがために、どんどん泥がついてしまった。周りの人たちが持っている茶碗は光っているように見えるから、じゃあ自分も茶碗を光らせるために金箔でもつけようと頑張っていたのだが、「そうじゃないんだ」と少年は気づかされたのである。

愛を渇望《かつぼう》していると、それを外に求めてしまうが、外から得た愛というのは海水のようで、飲めば飲むほど、喉《のど》が渇《かわ》いていく。

そうではなく、じつは自分の心の奥には、きれいで豊かな「愛の泉」がある。

その愛の泉は、自分の心と向き合うことではじめて見つかる、という事実に気づくことである。

「境界線は、なぜ生まれるのか」

心を深海にせよ。

海の深いところは、平静で穏やかである。
荒れるのは、いつだって海の表面である。
表面は常に動揺する。変化に敏感だ。
揺れ動く。
表面は外部との出会いの場。
海の表面は風と出会う場所。

波は、「水」の「皮」と書く。
水の皮は、外部との接触（摩擦・衝突）で、その姿を常に変える。
波は、海の呼吸でもあり、海の皮膚に当たるものである。
水面と風がぶつかり合う。
だから、波は常に異なるかたちになる。
変化が常に境界線上で起きるのは、そのような理由である。

境界線は「戦線」。
境界線は「対立」。

境界線を持たない人には、衝突がない。
境界線・区別・分類は、対立の根源的な理由である。
個別の差異を超えて、高次元での類似性を見出せる人は、寛大で調和的な人間であり、本質的な人間である。
その人には、対立や衝突といった概念がない。
深海のような人は、境界線を持たないのである。

では「深海のような人」になるためにはどうすればよいか。

たとえば、誰かと会ったときに、その人と自分の差異ではなく、まずは類似性を見出すようにしてみる。究極的に言えば、その人と自分とのあいだの、存在としての区別を消していくことを目標とする。

誰かを心の底から愛したことのある人ならば、愛することで、相手との境界線が消え去ることを知っているだろう。

その結果どうなるかといえば、その人の幸せが自分の幸せになり、その人の悲しみが自分の悲しみになる。相手のためにすることが、自分のためにもなり、自分のためにすることが、相手のためにもなる。

つまり、二人の利害が一致するようになるのだ。

与えることが、もらうことになり、もらうことが、与えることになる。

自分が相手の一部になり、相手が自分の一部になる。

エゴが消えた境地に到達することができるようになる。

そこは、すべての境界線が消えた「ボーダレス・ワールド」。

そこは、覚醒《かくせい》の場所であり、解脱《げだつ》の場所であり、達観の場所である。

「自分の視点を、どこに置くか」

境界線が消えた世界。
その世界こそが、究極の平和なる世界である。

すべての衝突や対立は自分と他者を区別することから来る、ということを理解することが、平和への大切なステップであることを理解することだ。

根幹の類似性を理解することで、無償の愛が生まれる、ということを理解することだ。

あなたは、外部との接触面である表面に反応する人なのか。

それとも、根幹にある本質に感応する人なのか。

そのどちらかで、あなたが人生で享受する幸福は大きく変わっていく。

表面は揺れ動いても、あなたの根幹となるもの、あなたの中核となるもの、あなたの本質となるものは、揺れ動くことのない確固たるものでなければならない。

結局のところそれは、

- **あなたは何を信じているのかという「信念」**
- **あなたは何を大切に考えているのかという「価値観」**
- **あなたはあなたの命を何のためにどう使いたいかという「使命」**

という3つによって形成されるもので、それらが合わさって、揺れ動くことのない芯となり、根っことなる。

風に揺れても、折れることのない、竹のようなしなやかさを持つ人になることだ。

表面に反応するのではなく、常に原点に回帰することだ。

「原点回帰こそが最高のイノベーション」である。

物事の表面的な見え方で、心を揺さぶられるのではなく、常に物事の本質を見抜く直観力や洞察力を持つことができれば、ぶれることはなくなる。

その物事はあなたの根幹とどのような関わりを持っているのか、それの本質的な意味は何なのか、を常に追求する人になることだ。

表面の裏にある本質を見抜く力。

それを英語では「中を見る」という意味で、「insight」「intuition」と書く。

洞察力がある人は、ぶれることがない。

なぜなら、深海と同じで、表面にある波の揺れ動きにいちいち揺さぶられることなく、常に本質に回帰するからである。

本質は、普遍的で不変的なもの。簡単に変わることはない。時間軸が変わるからといって、空間軸が変わるからといって、変わることはないのだ。

変わることのない事実、それを我々は「真理」と呼ぶ。

本質的な人間、洞察力のある人間になるためにも、我々は自分の中に確固たる軸を持つ必要がある。その軸を構成しているものが、あなたの「信念」「価値観」「使命」である。それがあなたの日常の「視点」をつくる。

視点はフレームであり、テレビカメラのように、現実の中でどこを切りとるか、ということを決める。その切りとり方で、あなたに見える現実は変わっていく。

大切なのは、自分の視点を常に「自分の中心」に戻すことである。

「困難を克服することで新しい世界と出会う」

人生を大洋の航海だとすれば、そこには凪のような平穏もあれば、嵐のような逆境に遭遇することもある。

凪が続くと安全は続くが、船乗りは鍛錬《たんれん》の機会を失う。

その結果、想定外のことが起きたとき、船乗りはうまく対応することができず、船は転覆《てんぷく》し、船乗りは深海に消え、航海はあっけなく終わりを迎える。

一方で、嵐は船乗りを覚醒させる。

一瞬の緊張感の不在。
一瞬の集中力の欠如。
それが命とりになりかねないことを、船乗りは知っている。
そう、老練な船乗りをつくるのは、じつは嵐なのである。

人生も同じで、試練や逆境がなければ、それを乗り越えた経験がなければ、強くはなれない。

虹が見たいのなら雨を我慢しなければならないように、頂上に登りたいのなら平坦な道ばかりを歩いてはならないように、人生という航海では、逆境という嵐に遭遇し、克服することではじめて、新しい世界に出会うことができるのだ。

周りがどんどん先に進んでいるように見えると、自分の進むペースが遅すぎるのではないかと心配になることもあるだろう。

しかし、その一見、快調に先へ進んでいるような人たちも、内心は焦りと不安でいっぱいなはずだ。焦りと不安をまったく覚えないほど、人間というのは、強くない。目標に向かって進む自分のペースがたとえ亀のように遅いと感じても、自己嫌悪《けんお》に陥る必要はない。亀だろうが、カタツムリだろうが、無理して背伸びすることなく、自分にとって一番心地よいペースを見つけ、突き進めばよい。

なぜなら、人生はいつだって、マイペースがベストペースなのだから。

忙しく生きることは高速列車に乗っているようなもので、速度の快感を得、短時間に遠くに辿り着けるかもしれないが、風景をじっくり楽しむことはできないものだ。速度を遅らせ、走ることをやめ、ゆっくり歩くことで、それまで一瞬の考察も要しなかった景色の持つ、そして二度と戻ることのできないこの瞬間の持つ、本質的な意味がわかってくる。

小鳥の鳴き声を聞きながら目覚め、窓を開けて1杯の水と新鮮な空気を飲み、太陽を浴びながら川沿いを散歩し、公園で寝転がって日向ぼっこをし、カフェではココアを飲み、帰りにはいつものパン屋でバゲットを買い、夜は家族と料理をつくり、あとは眠りにつくまで心ゆくまで大好きな本を読みふける。

そういう当たり前に見える日常のすべてのシーンを深く吟味しながら、一歩ずつ一歩ずつ、ゆっくり丁寧に歩いていく人生を送りたいものだ。

日常の幸せは自ら気づこうとしないと、喪失《そうしつ》してはじめて気づかされることになる。その喪失が訪れる前に、日常のすべてのギフトを感謝の気持ちをもって受けとりたい。

「失う前に、その価値に気づこう」

水の中の魚は、水の有り難さがわからないもの。

渇望の時期が過ぎれば、水の有り難さは忘れ去られる。


喉の渇きを経験することは、ある意味、水の有り難さを気づかせるためのものなのかもしれない。

病気にかかったとき、健康の大切さ、有り難さに気づく。

失う前に、その意味や価値について気づくことができるかどうか。

死を意識する人間の生は、充実するものだ。

終わりを意識しない生は、引き金のない銃のようなもの。

死を意識することで、生が苦しくなることもあるが、死を意識することで、生をより価値あるものにすることもできる。

死に対するある種の割り切りを持つことで、日常の幸せを増やすことができる。

終わりを意識することで、瞬間に対する感謝と緊張感が生まれてくる。


私たちがこの世に来たのは、「生きる」ためである。


手ぶらではあったが、小さな身体の最奥には、美しい魂を秘めていた。

そして、生きていく。

目的地は、決まっている。

それは「死」だ。

息が絶える最期《さいご》の瞬間まで、人生という旅は続く。

人生は、生まれてから死ぬまでの間に何をするかでつくられる。

生まれることも、死ぬことも、自分の力ではどうしようもできないことだが、その生と死の間に関しては、自分の裁量を介在させることができる。

その武器は、自分の「意志」。

心の奥にある魂への扉を開くと、自分の心の深いところに、自分でも知らなかった世界が存在することにはじめて気づくことができる。

しかし、残念ながら、多くの人は一度もこの魂の扉を開くことのないまま、自分は気づかなくても自分の中には存在していた「魂の世界」を一度も体験することなく、人生を終えていく。

自分が知らないからといって、その世界が存在しないわけではない。

自分が知ろうが、知るまいが、その世界は存在している。

この生が終わり、魂が肉体から解き放たれ、あの世に旅立つとき、人が持っていけるのは、魂の鼓動で刻み込まれた「魂の記憶」だけである。

魂の記憶は、魂が震《ふる》える体験をしたときだけ刻まれる。

身体は有限だが、魂は永遠。

身体の旅はこの生で終わるが、魂の旅はこの生を超え、永遠に続いていく。

その永遠なる魂の旅に連れていける「魂の記憶をつくる」ことこそが、この世で私たちが生きる使命ではないだろうか。

それができれば、この世には泣きながら来たが、あの世には微笑みながら旅立つことができるだろう。

「愛の経験が生きるエネルギーになる」

生きていると、大切な人に先立たれることがあるだろう。

この世に永遠なるものはない。

花が咲いては散るように、人も生まれては死んでいく。
それでもそこに残るものがあるとしたら、それは「愛」ではないだろうか。
愛することの経験は、人に「生きるエネルギー」を与える。
大切な人への「存在に対する愛」を決意し、最後までそれを貫くことは偉大だ。

自分のすべてを相手がありのまま受けとめ、愛してくれたら、その相手の前でだけは素直になれる。

存在に対する愛のように、海のように深く、薔薇《ばら》のように美しい、本物の愛に触れると、大人でももう一度、無邪気な少年少女に戻れるのではないだろうか。

だから、日頃から心がけたい。
愛は感じたときに伝えることを。

愛する人にはそう感じたときにためらうことなく、それを言葉や行動にして伝えることが大切である。

いつどんなときに別れが訪れるか、誰にもわからないのだから。

大切な人を天国に見送る際に、心がけたいことがある。

人が亡くなると、天使に導かれながら、天国への階段を昇り始める。

残された家族や友人たちが感じる悲しみは神聖なものであり、その悲しみを通じて、亡くなった人の存在を感じることができる。

ただ、大切な人の旅立ちの前に、我々は離別と再出発の準備をしなければいけないのも事実だ。

残された者の悲しみが深すぎると、残された者への愛に溢れる故人は、本当の意味での「旅立ち」はできなくなる。

神は人間に次なる新しい高次元の世界を見せてくれるために、旅立ちを求めてくる。

それを受けて、人間は旅立ちへの覚悟をしなければならない。

大切な人の死を悲しむ気持ちを超えて、その天国への旅立ちを祝福する心を持ったとき、故人は天国に向けて昇り始めることができる。

第5章

人生の指揮権を取りもどす

「時間という資源の使い途を検証する」

お金は、誰にとっても大切なので、使い途《みち》を慎重に考えたり、家計簿をつけたりして、一定の管理をするものである。

ところが、時間という自分の命に関わる大切な資源については、多くの人が使い途や使い方を検証していないことが多い。

時間は非常にユニークな資源で、稀少性があるのは石油などのほかの資源と同じだが、厄介なのは、いつ枯渇するかわからないという点だ。

人間、生まれる順番はあるが、死ぬ順番はない。

「いつ死んでもおかしくない」という認識をしっかり持つことが、命（時間）に対する緊張感を生むことにつながる。

生の有限性を認識するということは、死を意識することでもある。

死への意識は生きる上でとても大切で、「死を考える＝生き方を考える」ことと言える。

日常の中で自分の死を常に意識することにより、瞬間に対する緊張感は醸成《じょうせい》されていく。

私の好きなセネカという思想家は、「人生を短くしているのは、自分自身である」

と看破《かんぱ》している。

自分の人生や時間の使い方、活用の仕方を理解している人間にとっては、人生は充分に長い。一方、その使い方がわからなければ、寿命が数百年あっても何もやり遂げることはできないだろう。

同じ80年を生きるにしても、その活用方法がわかる人とわからない人では、生み出せる価値が大きく違ってくる。

我々の日常生活を検証してみると、取るに足らないことに時間を使う場合がいかに多いことか。

また、本質的なことに取りかかったとしても、それに集中力を持たずに向き合っている時間が長ければ、それもまたムダに命を削っていることになる。

したがって、取るに足らないことをいかに削り落とすかがまずは重要であり、次はそれでも残った本質的なところに完全なる集中力を発揮することが重要である。

すべてに時間を均等に配分することは、人生に対する冒瀆《ぼうとく》だ。

自分の命の欠片《かけら》である時間を何に対しても同等に扱うのではなく、その配分においては徹底的な差別化を図らねばならない。

大切なことと大切ではないことに対し、時間の配分という意味で徹底的に差別化することにより、純度の高い自分の人生はつくられていく。

そのためにも、決めて断つ、という意味での「決断」が求められている。

「未来を生きる人には後悔がない」

決断したことに後悔しない人は、「未来を生きる」人である。

絶望に声を与えるというのは、絶望の原因になりそうなものを、次の瞬間に生きるためのエネルギーに変えていく、ということを意味する。


過去の、自分が想定できなかった出来事があったときに、たいていの人は後悔に走りがちだが、未来を見据える人は、その出来事を生きる糧《かて》にしていく。

一見、絶望の種に見えるものでも、水のやり方や光の照らし方によって、成長させたり幸福の種に変えていくことができるのである。

そういうふうに切り替えることができたら、おそらく「後悔が絶望に変わる」ことはないのではないか。

幸福も、不幸も、原材料は同じ。

重要なのは、その原材料を自分が「どのように料理するか」である。

自分の腕次第で、苦いと思っていた食材が、人生のいいスパイスになったりすることもある。

起きることに対しては自分が完全にコントロールすることはできないけれど、起きたことに対して自分の中でどう解釈し、意味づけをするか、そして、その解釈と意味づけをその後の自分の決断と言動にどう活かしていくか、ということについては、自分で完全にコントロールすることができるということを忘れないことだ。

「大切な人に心を開くことを、躊躇しない」

心を開いて感情を解放すると、本物の愛に出会う。

それが頭ではわかっていても、なかなか開けない心、解放できない感情というものが胸に残ってしまうことはあるだろう。

そんなときには、「心を開いたことによってもたらされる結果」に対する自分の中でのイマジネーションを働かせることだ。

あなたは短絡的に、

「心を開くと傷つけられる」

「感情を解放すると自分の弱みになる」

「それをすることによって相手に見下される」

「他の誰かに伝わったら恥ずかしい」

というふうなことを思っていないだろうか。


そういうときは、自分が大切にする人が、自分に心を開いてくれたときのことを思い出すといい。

心を開いてくれた人には、

「心を開いてくれて、ありがとう。もっと早く言ってくれればよかったのに」

というふうに誰もが思うのに、自分の心を開くのは相手には迷惑だと思ってしまう。

自分視点で判断してしまう。


振り返って、自分から心を開いたときのことをよく考えると、周りはとても喜んでくれたのではないだろうか。

やっと意を決して悩みを打ち明けたら、「前から力になりたかった」「もっと早く言ってくれたらよかったのに」と言われるのは、その相手が前から思ってくれていたのに、それまで助けを求められなかったからである。

いまのあなたは、あなたの大切な人たちの愛でできた結晶。

あなたを大切に思う人たちは、あなたが生きていてくれるだけで、喜びや感謝を感じてくれている人たちである。だから、人生の目的が見つからないといって、目指す目標が見えないからといって、苦しむ必要はない。

ただ、いまをあなたらしく生きていてさえくれればよいのである。

そうすればそのうち、生きる目的も、目指す目標も、浮かび上がってくるはずだ。

「いまを生きる。それに集中するだけで十分」

あなたを大切に思っていてくれる人は、あなたと一定の距離を保ちながら見守ってくれる人たちである。

喩えて言うなら、「線路」のような人。そういう人たちは、決して土足であなたの内面に踏み込んだりはしない。そっと寄り添うだけ。

自分があなたを縛《しば》る存在にならないように、あなたを解き放たれた存在にするために、どんなときもあなたの自立を促すための配慮を忘れない人たちである。

相手のため、という目的が善意だからといって、どんな表現手段も正当化されるわけではない。ときに、目的と手段は同等なのである。

目的の設定に負けないほど、手段の選択は大事である。

あなたを大切に思う人たちには、あなたの決意や行動をいちいち説明する必要はなく、承認を得る必要もない。そういう人たちは、説明しなくてもわかってくれる。

そういう人たちが、求めるのはただ一つ。

あなたが誰よりもあなたのことを大切にし、あなたの信念を貫くこと。

それだけである。

その信念の具体的な内容は重要ではない。その信念が、あなたが自分自身と真剣に向き合って導き出した結果であるのなら。

一方で、あなたをまったく大切に思っていない人たちに対しても、あなたの決意や行動を説明する必要はない。

なぜなら、そういう人たちはあなたの信念を心から理解しようとする注意力を持っておらず、ときにあなたの前進を嫉妬ややっかみの材料にしてしまうからである。

よって、あなたの人生の生き方については、誰にも説明をする必要も、承認を得る必要もない。

あなたの人生の指揮《しき》権はあなた自身にあり、その指揮権を手放すに値《あたい》する瞬間は、いま手にしているこの人生の中にはない。

あなたのことを大切に思う人たちのために生きるとは、あなたがあなた自身を大切にしながら、あなたの人生を生きることを意味する。

いまのあなたは、あなたを大切にしてきてくれた人たちの「愛」によってつくられた結晶。大切な人たちのためにも、自分を大事にすることである。

#「生きるルールは、たった一つのことがあればいい」

人生は一度きり。

短いと思うか、長いと思うか、人それぞれだろうが、歳を重ねていくと、終わりに近づく感覚はますます鮮明になっていくわけで、人生というのは短く儚《はかな》いものなんだと痛感する場面が増えていく。

とはいえ、それをどうにかしようとしても無理な話で、我々にできることは今回の人生で与えられた、この限られた寿命の中で、たくさんの経験と美しい想い出を残すことを通じて、人生の濃度を高めていくことである。

愛で導き、愛に導かれる、愛の人生。

人生の価値は、自分が生きている間に、この世にどれほどの愛を注いだかで決まると思う。

その愛の対象は何だっていい。

太陽のように、対象を限定しない焦点のない愛も素晴らしいと思う。

愛は、私たちの人生に潤《うるお》いを与えてくれる。

潤いがないと、人間という花は、すぐにも枯れてしまう。

自分にも他人にも潤いを与えながら生きることこそが、生きる真の意味であり、人生の使命ではないか。

自分の言動を振り返ったり、他人の言動を評価する際は、

「そこに愛はあるのか」

という基準だけで、その是非を判断してもよいだろう。

そもそも我々がこの世に生まれてきた理由は、愛し、愛されるためであるから。


それに比べれば、高尚な倫理とか偽善的な道徳といった、頭でつくり出した難解な概念とか人の眼差《まなざ》しというのは、取るに足らない、どうでもいいものだ。

自分の人生を生きていくのに、誰の承認もいらないはず。

いつどんなときも、自分の心の奥から聞こえる声に従って生きていれば、それでいい。なぜなら、その心の声は、「愛の泉」から発せられた声だからだ。


愛の泉は、誰の心にもある。

それだけは、すべての人間に対し、神様が平等に与えてくれているもの。

その愛の泉は、我々が赤ちゃんとしてこの世に送り出されるとき、我々のお母さんたちが我々の中にインストールしてくれたものである。

そう、愛の泉は生まれたときにすでにプリインストールされていたのだ。

自分の人生を豊かに、幸せに、美しく生きるためには、いつ、どんなときも、その愛の泉に戻ればいいんだ。

そこに愛はあるのか。

人生で問われているのは、その一点だけなのかもしれない。

「ないがしろにしている自分を意識する」

「いつまで自分は心を閉じたまま生きるのか」そのことに怒りを感じたほうがいいかもしれない。

「この社会で心を開かないまま、あと30年、定年まで働かなければならないのか」「いつまでランチの時間に、会社の上司の悪口や陰口を言って過ごすのか」

自分が自分をないがしろにする、または、自分が心を閉じたままにすることに対して、自分の中で反省を含めた怒りを持つぐらいに、そのことを意識するといい。

多くの人は、外部的な環境の中で自分の心を閉ざさざるを得ないような状況にあるから、「仕方ない」と思い込んでいるかもしれない。

しかし、そこで、

「いや私は、人生という唯一無二の芸術作品を彫刻するために、この一生を過ごしているわけで、そういう意味では、自分は表現したいものはすべて表現するアーティストにならなければいけないんだ」

と考えてみる。

「アーティストのように生きる」ということは、時代と世界に対して、自分が「対峙《たいじ》する」という感覚で生きることを意味する。

アーティストが表現するのは、時代から愛されるためではなく、自分の心にあるものを素直に表現するため、時代や世界に対して訴えたいものがあるから、である。

時代や世界から好かれるというのが、根本目的ではないはずである。

本来、人間は誰もがアーティストである。

そういう意味で、世界の70億人の真実と自分の真実が対立したときは、自分の真実を優先するくらいの「絶対的な自己信頼」を持つことが必要である。

少なくとも、自分が自分を守るという意味でも、決して「自分の心をないがしろにしない」ことである。

「期待という呪縛から抜け出そう」

あなたの家族や親戚、友だち、上司といった人が、あなたの生活のさまざまなことに干渉《かんしょう》することがあるだろう。

ときにそれは、あなたのことを心から思っているからといった、優しさという仮面をかぶって。

それはあなたの、進路についてかもしれないし、結婚についてかもしれないし、お金についてかもしれないし、住む場所についてかもしれないし、時間の使い方についてかもしれないし、人との接し方についてかもしれないし、価値観についてかもしれない。つまり、考えられるあらゆることに対して、あなたは他者から干渉される運命にある。

これはいわゆる「期待」と呼ばれるものであるが、その期待によって、人は成長や喜びを感じることもあるが、その期待によって、途轍《とてつ》もない苦しみや抑圧感を感じることもある。

自分の意志よりも、他者の期待を優先する。そしてそれを意識すらできず（もしくは意識しているのに意識していないふりをしながら、またはその期待は自分からして明らかに理不尽であるということを認識しながら）、子どもの頃からの長年の刷り込みの結果として、習慣的にそして無意識に、他者の期待に沿うための意思決定を日々の生活で行ってしまう。すると、いつのまにか人生の指揮権は、自分の手から離れていき、期待という鎖につけられたままの無気力で絶望的な人生を生きることになる。

もしあなたがそういう状態である、と認識しているのならば、いまこの瞬間から、そこから抜け出す決意をする必要がある。

「人生の指揮権を取りもどす」のだ。

そのためにも、日々の選択における主体性を取りもどすことが必要だ。

つまり、自分の人生に関わる選択の最終判断は「自分」が下すこと。

他者が思う通りの人生でなく、自分自身が願う通りの人生を、自分自身が切り拓《ひら》いていく人生を生きることを、決意することだ。

「他者が自分をどう思うか」というのは、「本質的に自分とは関係のないこと」だと、割り切るくらいがちょうどよい。

実際、自分以外の誰も、自分のことは理解できていない。

それがたとえ血のつながった家族であるとしても。

日々の生活の中で、自分自身の精神性を高め、その精神性から生まれた自分の信念に基づき、すべての選択を主体的に行い、その結果への責任は自分で負うという決意さえあれば、決して後悔する人生にはならないはずだ。

自分の人生は自分のものである。

この当たり前だが、いつのまにか忘れかけていた大切な真実をもう一度思い出し、魂に刻み込んでおくことだ。そして、もしも、いままでの人生が自分のものでなかったと感じるのなら、今日から「本当の自分の人生」を始めるといい。

自分が定めた目的地に向け、自分が選んだ軌道を突き進み、自分だけの人生の軌跡《きせき》を残していく。そのスタートラインが今日も我々の前には用意されている。

必要なのは最初の一歩を踏み出す「ちょっとした勇気」だけである。

#「苦痛はいつのまにか消え去っている」

人生に不運などない。


すべては壮大な計画の一部である。

ときに、想定外のことが起きてくることもあるだろう。

それに打撃を受けるだろうが、そこには必ず次につながる手がかりとなるものが隠されている。

それに気づき、教訓を学びとったとき、苦痛は消え去っていき、私たちはより高い次元へとシフトすることができる。

たとえ運命の女神に見放されたと思う瞬間であっても、彼女に愚痴をこぼすことなく、諦《あきら》めることなく、顔を上げて前に進むことだ。

それはあなたが望んだことではないかもしれない。

しかし、その経験こそが、あなたを待ち受ける未来の試練に立ち向かうための「勇気」になっていく。

人生に、喪失などない。

もともとそこには何もなかったんだから。

すべては借り物。

最後になったら、返却しなければならない。

この命でさえも。

それが最初からの約束。

ではなぜ、私たちはこの世界に生まれてきたんだろうか。
それを考えるのが、「使命」を考えることである。
この有限で、いつ終わるかわからない、一つしかない命をどう使うか。
人間は使命に気づいた瞬間、本当の人生を始めることができる。

どんな瞬間でも、自分の存在意義を自覚しながら生きよう。

他人が語れることは語らず、他人にできることはしない。
自分にしか語れないことを語り、自分にしかできないことをしよう。
他人の目を気にするヒマなんて、この人生にはない。

「シンプルな真実に気づく」

私の人生をほかの誰かが代わりに生きることはできない。

このシンプルで普遍なる真実に気づいた瞬間から、人生が私に投げかけてくるすべては、試練や逆境や苦難も含め、「私のもの」として受けとめることができる。
私が生きるこの人生のすべてが私のものだからこそ、私はときに、つらい思いや苦い思いもするけれど、そのつらさや苦しみもすべて甘受しなければならないんだ。

私の世界をつくり出すのは、私自身だから。
私がその権限を自分に認めた瞬間、全宇宙が私の味方になってくれる。

私の心の奥にある魂の羅針盤《らしんばん》を私がのぞき込んだ瞬間、私が見たい世界が私の前に広がっていく。そして、私と世界の間にある境界線は消えていく。

そのとき、私は世界になり、世界は私になる。

一見同じような日常を繰り返しているように見えても、それでもすべてのことは、ただ一度きりのことなんだ。

過去の記憶でさえ、固執さえしなければ、いくらでも変われるし、今日という日は自由自在に生まれ変わる可能性に満ちた一日になれる。

鏡に映った疲れ切った自分の目をまっすぐ見よう。

もういままでのように他者との比較や他者の眼差しなど、取るに足らない本質的ではないことに、大切な時間を使うのはやめよう。

これからは自分を、そして、自分の人生を、一瞬足りともないがしろにしないことを鏡に映ったその目を直視しながら誓おう。

群れの中にいて、自分の心の声よりも他者の眼差しを意識し、常識という信じるに値しないものに縛られ、存在の自由よりも生活の安定を追い求め、世界への価値創造よりも自分を高く買ってくれる人を探し続ける人生を生きるために、この世に生まれてきたわけではないはずだ。

心が喜ぶ目的を持ち、自分を成長させてくれる目標を持ち、自分のリズムで歩くことこそが大事だ。

他人に歩調を合わせようとするから、つまずくことになる。

他人に認められることは嬉しいことではあるが、それが目的になってはならない。虎は虎として生まれてきたわけだから、犬として飼い慣らされてはいけない。野生を取りもどすことだ。

先へ先へと逃げていく鳥を追いかけているうちに、帰り道がわからなくなってしまわないように。

二度と戻ることのできない、かけがえのない、いまこの瞬間が未来への不安や過去への未練に飲み込まれたりしないように。

残りの人生の一瞬一瞬を心の奥にある魂の羅針盤に従って、丁寧に丁寧に噛み締めながら生きていかねばと思う。

エピローグ

自分は自由な存在だと知る

人生は開かれた空。

境界線も限定もない。
絶対自由な無境界空間である。

どこまでも高く、
どこまでも自由に、
どこまでも美しく、
飛ぶことができる。

空を飛ぶ鳥は美しい。
籠《かご》の中の鳥は悲しい。
自由に生きる人間は美しい。
自由を奪われた人間は切ない。

自分の自由を抑圧するものは、断固として拒否し、
他者の自由を抑圧することは、すべてやめよう。

自分の自由を限りなく拡張し、
他者の自由を限りなく尊重せよ。

自由には究極の価値があるから。
愚かな一貫性は捨て去ればいい。
それは過去に生きる人の言い訳。

この瞬間を生きればいい。
気まぐれに生きればいい。

ジョン・キム John Kim

韓国生まれ。日本に国費留学。総合政策博士。ハーバード大学、オックスフォード大学などでの客員研究員を経て、2004年から約10年間、慶應義塾大学の特任准教授。2013年からはパリ、バルセロナ、フィレンツェ、ウィーンに拠点を移し、執筆中心の生活を送っている。著書に『媚びない人生』(ダイヤモンド社)、『来世でも読みたい恋愛論』(大和書房)、『生きているうちに。』(サンマーク出版)、吉本ばななさんとの共著『ジョンとばななの幸せって何ですか』(光文社)など多数。

「絶望」に声を与えよう。

2017年11月1日　第1刷発行

著者　ジョン・キム

発行者　櫻井秀勲

発行所　きずな出版
東京都新宿区白銀町1-13　〒162-0816
電話03-3260-0391　振替00160-2-633551
http://www.kizuna-pub.jp/

装幀　坂川栄治+鳴田小夜子（坂川事務所）

編集協力　ウーマンウエーブ

印刷・製本　モリモト印刷

ISBN978-4- 86663-015-1